UNA CARTA

Y

CIEN POEMAS PARA TI

Autora Laura Nely González Ortiz

Mission, Texas

2019

Copyright © 2019

REGISTRO PÚBLICO; 03- 2012-022913493700-14

ISBN-13: 978-0-9989965-6-1

ISBN-10: 0-9989965-6-4

All rights reserved.

No part of this book may be reproduced without permission of Legado Publishing or the author. However, portions of the poems may be cited for book reviews without obtaining consent.

Editor & Book Design: Gabriel H. Sanchez

Greeting Divider Line by DavidZydd
https://pixabay.com/users/davidzydd-985081/?utm_source=link-attribution&utm_medium=referral&utm_campaign=image&utm_content=2519561
Broken Heart by Clker-Free-Vector-Images
https://pixabay.com/vectors/heart-broken-love-romance-damaged-297313/
Letter Box by Martin Str
https://pixabay.com/photos/letter-boxes-steve-medlin-area-51-227058/

AGRADECIMIENTOS

Quiero agradecer a Dios y a la vida por darme la oportunidad de tener tantas cosas para alimentar mi imaginación y en este 2° libro que es el reflejo de mi vida por un lapso de tiempo. Y que fue lo que realmente me llevo a desarrollar Una Carta y cien Poemas para ti.

DEDICACION

Una carta y cien poemas para ti. Va dedicado muy especialmente a todas esas personas que tengan a bien leer esta bonita y gran obra que está inspirada en situaciones de la vida diaria ya seas mujer u hombre.

Índice

Una carta para ti	1
Despues de tus ojos	6
Corazón infiel	7
Te quedaste en mi vida	8
La ausencia de tu cuerpo	9
El corazón no cree	10
Qué pena, pero fuiste tú	11
Con mi mente desquiciada	12
La marca de tus besos	13
Senderos diferentes	14
Tatuaje en el alma	15
Solo esta noche	16
Sin culpa por tenerte	17
Solo para ti	18
El dolor existe	19
El velo del olvido	20
El regalo de Dios	21
Debió de ser grande	22
El amor bajo los escombros	23
El ocaso de mi vida	24
Pedazos de amor	25
Deseo apagado	26

La luz del amanecer	27
Deje de sentir algo por ti	28
El dolor lastima	29
Con la verdad en las manos	30
Tu mirada me acaricia	31
Creí que te quería	32
Mis pasos	33
Triste amor	34
Agradecida	35
Por tu amor	36
Poco hombre	37
Mi deuda con Dios	38
Mi vida en el olvido	39
La soledad	40
El sabor de tus besos	41
Mis mejores pensamientos	42
Se acabó	43
Te perdí	44
La tristeza se nota en la mirada	45
Me fui quedando sola	46
Como un castigo	47
Tu amor no soy yo	48
El amanecer de ayer	49

Un arcoíris para mí	50
Un mundo de verdades	51
Yo como niña tú como ave	52
Mi flor de esperanzas	53
Los hilos de sus pensamientos	54
Todo lo mejor de mí	55
Me hiciste morir el alma	56
El tiempo jugo conmigo	57
Me sacaste de tu vida	58
Esta soledad te la debo a ti	59
Tus mentitas	60
Una burla dibujada	61
Me lo dice tu cara	62
Piadosa mentira	63
Tus palabras son besos	64
Sin pensarlo diría que no	65
Tu nueva ilusión	66
Inseguridad	67
No puedo olvidar	68
Engaños que duelen	69
Como un desierto	70
Sonrisa tatuada	71
El sello de tus labios	72

Me cansaste el alma	73
Tus labios sobre mi piel	74
El reemplazo	75
Olas de placer	76
Atrapada en tu vida	77
Buscando pensamientos	78
El dueño de mis noches	79
Sola sin ti	80
Tú me quieres	81
La ausencia es de los dos	82
El milagro de una flor	83
Saberse amada	84
Las cenizas del alma	85
Volví a creer	86
En ti está mi vivir	87
No tenemos nada	88
Como cascadas hirientes	89
El sabor de tus caricias	90
El corazón no escucha	91
Lo siento por él	92
Sin ataduras	93
Lo más bello	94
No hace falta decir más	95

Ya nada será igual	96
Mainero	97
No todo es para siempre	98
Un corazón amante	99
Paloma Morada	100
Agradecida con Dios	101
El milagro que yo pedí	102
Miradas y caricias	103
Eso me sonó a desprecio	104
Cristales hirientes	105
Las heridas del alma	106
Namibia	107
Luna plateada	108
Carencias	109
Olor a muerte	110
Recuerdos	111

UNA CARTA PARA TI

Quiero hablar y gritar el dolor que está nublando mi vida, necesito sacarlo, aunque no sé si en algo aliviaré mi alma atribulada. No encuentro un momento de calma, tengo varios meses que las dudas se han sembrado dentro de mi mente. Sospechas que dan mil vueltas dentro de mi desquiciada cabeza y se han estacionado en mi corazón llenándome de cruel incertidumbre. Mi razón quiere creerte, pero tiene un trabajo muy arduo. Cada vez que te veo aflora la desconfianza y creo ver en tu cara el engaño que alimenta mi dolor.

Muchas veces me he preguntado el por qué y confieso que hasta me he sentido culpable. Aun así, las personas nunca tendremos argumentos suficientes por nada ni por nadie para querer quitarse la vida. Tras tantas cavilaciones y noches en blanco me resisto a creerlo.

¿Es esto un engaño de tu parte? Todavía no sé cómo llamarlo. De lo único que estoy segura es que me está doliendo tanto que a cualquier hora del día o de la noche llevo la tristeza pegada a mí. Como una mala hierba va creciendo y me acompaña a todas partes. Aparecen de repente momentos felices entre tú y ella. Formo imágenes que hacen sangrar mi vida y eso me hace querer salirme a donde ya no sienta que muero lentamente.

La verdad me siento como una estúpida queriendo que sigas conmigo a la fuerza. Quisiera tener el valor para decirte que si quieres te puedes ir. He preferido no decirlo y no reclamar las cosas que voy adivinando conforme pasan los días, y al mismo tiempo delatan tu...ni se cómo decirlo, traición o que se trata del resbalón de los cuarenta, pero sea o no a mí me hace el mismo daño. No logro un día de paz porque, aunque no quiera, hasta una espía de tu vida se ha vuelto la mía. Busco actitudes tuyas. Esas son cosas que nunca me hubiera atrevido a buscar, pero tú sembraste la duda entre nosotros dos. le llamare así porque no se su nombre. No importa si la desconfianza tiene nombre o no al final es el mismo resultado. No sé si existe algo en ti que se arrepienta, pero el daño ya está hecho. Cuando intentaste arreglar la situación, en su momento creo que te creí, pero después tú sabes que todo siguió igual. Siguen saliendo evidencias que no puedes borrar solo con palabras, también deben de haber hechos que acompañen tus buenas intenciones.

Las cosas ya sucedieron y no hay nada que me las haga olvidar, ya que la única forma de vivir desde hace meses para mí es la tortura diaria. Tú te esfuerzas para explicarme en cada llamada lo que haces o dejas de hacer, pero entras en tantos detalles que no te creo nada. Dejé de hacerlo poco a poco. Conforme fue pasando el tiempo llegué al punto de querer gritar que te callaras y que ya no te esforzaras por tratar de encubrirte porque ante mí sigues siendo culpable.

Cuando alguien engaña una vez siempre habrá otro engaño más. Yo quisiera que esto jamás nos hubiera pasado y sin embargo siempre existió ese miedo dentro de mí. Yo tenía una fe ciega en ti, te creía diferente y te adoraba. Como persona tú eras mi todo y te amaba mucho más que a mí. Me sentía feliz e importante porque estaba segura de que en tu vida existía solo yo. La decepción me devastó. Tampoco es algo para contárselo a alguien, tengo que tragarme yo sola este dolor. No tengo con quien hablar para, quizá, poder curar un poco el alma. Lo único diferente es que ha nacido en mí otra forma de observar la vida. Siempre he vivido para ti solamente. Después de todo esto, me doy cuenta de que también existen otros hombres en el mundo. La verdad nunca había volteado a verlos, pero ahora sé que están ahí, que existen y que puedo mirarlos y admirarlos. Tal vez fue lo mismo que sentiste tú al verte lejos de mí. No sentías que me estuvieras engañando, simplemente llevaste el dicho al hecho: ojos que no ven, corazón que no se entera.

Lo supe. Nunca imaginaste que se te saldría de control, que lo disfrutado se te convertiría en un gran problema. Tu equivocación acabó con mi fe en ti. Jamás podrás convencerme de que nada pasó porque cada vez que te veo se nota en tu semblante el miedo a que te enfrente y te reclame la verdad que tú me escondes.

Hasta hoy siempre te había creído pero esta vez no me suenas a verdad. No sé qué hacer con todo esto que siento, y a la vez quisiera poder pensar en algo diferente, pero hay momentos que me matan y destruyen mi amor por ti. Quise escribir mi dolor y mi tristeza para sacar mis lágrimas al escribir estas letras para ver si así me sobrepongo un poco a todo esto y así pueda aliviar mis pensamientos, especulaciones que torturan mi mente día a día con imágenes y caras que no conozco, pero que aún así aparecen implacables delante de mí. Yo siempre sentí mi vida feliz. Estaba segura que me amabas. Me sentía protegida y querida. Por eso duele saber y entrar en una realidad como en la que ahora estoy. Un engaño como este siempre te mata el deseo de querer seguir, te destruye el amor y acaba con las maripositas de la ilusión.

Mataste mi orgullo e hiciste trizas mi mundo. Se me movió el piso y me aniquiló por dentro. Por fuera mis expectativas de vida se anularon, se quedaron sin ganas de querer seguir. Todo esto me sucedió porque yo solo imaginaba mi vida a tu lado y para siempre. Nunca me pasó por la mente que si no eras tú tal vez sería alguien más. Si no fuera por todo esto que estoy pasando en este momento no estaría llorando.

Se sienten tantas cosas cuando se está dentro de este torbellino de dudas y tristezas, que no puedo, ni quiero, pensar con la razón. Es el corazón el que mueve los sentimientos y es él, el que no comprende. Para una traición no hay entendimiento que pueda perdonar. Tú sabes por todo lo que estoy pasando y jamás lo podré borrar u olvidar.

Yo quiero pruebas de que todo esto que está matando mi amor hacia ti, realmente no haya o esté pasando. Quiero que salga de ti, que me des con hechos las respuestas para creerte y que se acabe este dolor que ha hecho nido dentro del corazón.

Desgraciadamente lo que yo veo es que tu rehúyes mis miradas. y Si crees que voy a decir algo, aún sin saber de qué se trata, prefieres voltear la cara y te pones a hablar de otra cosa. Y con todo ese tipo de reacciones en lugar de aliviar un poco mi vida, crece más la desconfianza que te tengo.

Sabes que no sé hasta cuándo podré deshacerme de todo esto que me hace daño. No puedo pensar en cosas diferentes. Solo tengo voces de fantasmas que avivan el dolor de tu traición y artero engaño que me quema como lumbre y me hace sangrar el alma. Me pesa tanto saber que el amor que yo sentía mío de pronto volteó hacia otro lado. ¿Qué has dejado de ver en mí? Me has hecho sentir miserablemente mal, poca cosa, vieja, e inservible. Por todo eso me siento fatal y eso me llevó a no querer seguir aquí. Siempre he vivido para ti, pero si ya no puedo creerte que me quieres, he llegado a pensar en irme por una puerta sin retorno. algo que no tengo derecho a elegir, aunque después de todo ya me siento muerta y tú eres la causa.

Las lágrimas me ahogan día con día y no puedo contener los recurrentes pensamientos. Quisiera poder salir de este estado en que me encuentro, pero me he quedado anclada sin poder moverme. Hay momentos en que me digo que si no es contigo el tiempo pondrá a alguien más en mi camino. Si no es hoy tal vez más adelante será, pero mi vida tiene que seguir. No quiero tenerte a mi lado si no eres feliz, prefiero que no estés aquí. Si en tu pensamiento estás con ella no tiene sentido que te quedes.

Quizá fue tu soledad la que te empujó hasta ese momento. Tú y yo ya habíamos hablado sobre todo esto, tú ya sabías que yo no podría vivir contigo aceptando una traición. ¿Acaso en todos los años compartidos no hubo suficiente amor? Hay cosas que cuando pasan no se pueden remediar, lo que sucedió ya no se puede borrar. En tu corazón ella siempre existirá y la recordarás como alguien especial. Yo no querré olvidar, ni perdonar y lo recordaré como nuestro más grande tropiezo.

Mi única forma para olvidar sería la de escapar de esta realidad y encontrar un espacio sin dolor y lágrimas que no me torturen más. Sabes, muchas veces he pensado salirme a un mundo aparte. Marcharme a un lugar donde no sienta nada por ti. Donde no piense en lo que haces tú lejos de mí cuando paso noches enteras sin poder dormir. Cuando vienen a mí imágenes en que estás en los brazos de ella. Con tantas cosas dando vueltas dentro de mi cabeza, las lágrimas no se hacen esperar. No creo que pueda encontrar a alguien que me rescate de este negro mar de sentimientos. Nadie me podría decir nada de lo que ya me haya dicho mil veces a mí misma. El único serias tú quien con hechos me probaras que estoy viviendo dentro de una traición inventada.

DESPUES DE TUS OJOS.

Con hilos de plata
tejo mis recuerdos de sonrisas de nácar.

Que como alas de cigarra
se alejan de mi mente buscando la calma.

Con aires de grandeza la vida respira,
con cuartos de luna la vida termina.

Después de tus ojos no hay nada,
no hay luna

tu aliento me impulsa a sentirme viva.

Con hilos de plata te anudo a mi vida

No entiendo al mañana sin el volar de mis alas.

CORAZON INFIEL

Que no tengo fe
y que tengo miedo
sé que tú eres cruel
por eso ya no te creo.
 Sé que eres infiel
por eso ya no te quiero
das tu palabra y después la olvidas,
que si hoy me quieres
 mañana no sé.
 Tengo miedo de lo mucho
que me duele, que te entregue
mi cuerpo, mi vida y mi alma.
Te entregué mi todo y no mereces nada
es por eso que le temo a lo que
tú llevas dentro.
 Un corazón infiel sin sentimientos
ya no tengo fe ni ganas de creerte
hasta el dolor que me dejaron tus besos
sé que lo llevaré por siempre.

TE QUEDASTE EN MI VIDA

Hace ya tantos años que tu llegaste a mi vida
y no dejaste ni una huella como esas que
dejan los grandes amores, y mucho menos
me dolió perderte cuando dijiste adiós.
Es por eso que no entiendo por qué
nunca te has alejado de mis
noches y mis sueños
sigues dentro de mí
anclado completamente a mi vida.
Complicas mis noches y alteras mis sueños
no sé cómo arrancarte para siempre
es como si aún te amara
tú no pasaste por mi vida. Tú llegaste
y te quedaste viviendo escondido
no sé a qué rincón tú te aferraste
y jamás te has querido ir,
eres como un fantasma que de día
desaparece y por las noches
regresa y acecha mi vida
escondido bajo los secretos de mi almohada.
Tengo miedo de las respuestas que pudiera
encontrar son tantas preguntas que prefiero callar.

LA AUSENCIA DE TU CUERPO

   Quiero que conozcas la tortura de mi cuerpo
esa que yo he llenado con tu silencio
tengo en mis ojos encerrada tu mirada
pero en mi boca ya se han borrado
los vestigios de tus besos.

   En mis manos solo tengo la ausencia de tu cuerpo
y en mi vida solo está el olvido
que de ti me ha quedado.

   Se desquició mi mente para ya no torturarme
y el eco del silencio es el único que acaricia
mi cuerpo marchito por el tiempo.
De mis ojos ya se ha ido la luz
mas tu mirada aún la tengo aprisionada
desquiciada por la tortura del silencio
 y la ausencia de tu cuerpo.

EL CORAZÓN NO CREE

Sabes mi amor el corazón no entiende
yo le explico todo lo que tú me dices pero
él es muy terco y se resiste a creerte,
estoy haciendo el intento para poder convencerlo
con las razones que tú me diste, pero él
está dolido y se encerró en sí mismo ya no quiere
más mentiras.
Sabes, si te quiero,
pero mis lágrimas brotan una tras otra.
Yo quiero detenerlas, pero son
tantas que no logro controlarlas.
Mi corazón ya no te cree.
Por más que quiero ver en tus ojos
la sinceridad que yo deseo,
por más que busco, no me dicen nada.
Solo callan como mudos culpables.
Mi corazón está dolido y quisiera arrancarle las dudas.
Poder lavar con mis manos sus heridas,
pero él no deja que lo intente.
Él no quiere saber ni entender.
Ante una duda que duele tanto
no hay confianza ni palabras que valgan.
Dejar de amarte para él es la forma perfecta
para no llorarte y no extrañarte.

QUE PENA, PERO FUISTE TÚ

Qué lástima, pero fuiste tú el que rompió
lo más bonito de nuestras vidas,
qué pena, pero acabaste con este amor que sentía por ti.
Mi corazón llorará, sufrirá, pero algún día se resignará.

Es triste pero no duró.
Se me fue tu amor, se esfumo del corazón.
Quizá los dos somos culpables,
pero en esto no hay ni que pensar, ni que decir.
Todo lo dijiste tú con tus propias decisiones,
ya no puedes retroceder.
No habrá arrepentimiento de tu parte que yo acepte
o perdone para volver a amar.

Aunque mis lágrimas desleales y cobardes
hoy me han traicionado,
quisiera poder llorarlas solo para mí
y así limpiar con ellas mi vida
sin importar que no regreses.

CON MI MENTE DESQUICIADA.

¿Sabes lo que se siente llorar sin lágrimas?
Llorar para mí, para que nadie me vea y no ser juzgada.
¿Sabes lo que haces, estás realmente consciente de tu proceder? Me está doliendo y aun así debo ocultarlo, callar y seguir.

Crees entenderme y saber lo que siento.
Al portarte complaciente conmigo mi deber sería aceptar y olvidar. Me traicionaste y me enteré, ¿qué sigue para mí ahora?
Vivir sin acordarme de nada, hacer como que tu traición no fue real y que todo lo inventé con mi mente desquiciada.

Todo se dice fácil. Según tú no pasó nada. Con un abrazo tras otro y con estar pegado a mí por días, sin dejarme respirar, con eso crees que bastará para saldar y recomenzar.
Conmigo vive el dolor que no dejé salir, y tú feliz
porque, aunque esta no es la primera traición
aun así, yo sigo aquí.

Se te olvidó el querer,
se te perdió el amor y el respeto por mí.
Se te olvido que me amabas.
Por una calentura tuya me quedé sin nada.

LA MARCA DE SUS BESOS

Me miras fijamente a los ojos como queriendo
encontrar en ellos la culpa de mi pecado.
Me doy cuenta que quisieras mirarme el alma,
inocentemente crees que ella te contestará esas preguntas
que para ti no tienen respuesta.

Quieres enterarte si realmente me he atrevido a tener un
amante deseas encontrarme en la piel las marcas de caricias
que tus adivinas no son tuyas.

Te aterra y te destruye mi silencio,
tienes la sensación de que al tocarme sentirás
la presencia de la marca de sus besos.

Sientes miedo de que mi piel ya no sea tan complaciente como
antes, el dolor de la duda te hace sentirte un nadie.
Te empequeñeces ante la posibilidad de que encuentres
en mis ojos la verdad de ser infiel.

Me haces el amor, pero tu miedo a que yo no sienta nada
al estar contigo hace que sufras.

Porque por más que buscas no encuentras las marcas
de caricias bruscas o de besos con los que otro hombre
me hubiera podido amar.

SENDEROS DIFERENTES

   Solo quiero decirte lo que ya sabes,
y lo que muchas veces no he podido expresar
 o no he sabido cómo hacértelo entender.
   Solo quiero demostrarte lo que yo siento por ti
y que al mismo tiempo te des cuenta
 todo lo que tú eres para mí.
   Por ahora quiero decirte que deseo para ti lo mejor
y que te la pases súper bien hoy y siempre
con quien tu más quieres.
   Sé feliz y muestra siempre una gran sonrisa y recuerda
que yo siempre estaré y podrás contar conmigo
como una amiga seré para ti.
   En nuestra adolescencia nos quisimos, pero el tiempo
nos fue separando y el destino se encargó de llevarnos
por senderos diferentes.
   Hoy solo amigos con saludos sin palabras
 solo sonrisas que se desaparecen en la nada
 con caricias que se desvanecen
 y se pierden en la distancia.

TATUAJE EN EL ALMA

Como un tatuaje pegado al alma
de esa manera quiero llevarte.
Como la hiedra adherida a mí
absorber en mi piel todo de ti.

Anudado estás en mi memoria y
como árido desierto beberé de él
me aferraré al recuerdo de tu mirada
y al roce de tus labios sobre mi cara
te llevaré conmigo como lindo presagio.

Llevaré muy dentro tus pensamientos
y tantas cosas que en otro tiempo
sí fueron míos.

SOLO ESTA NOCHE

Regálame solo esta noche,
dame todo lo que hasta hoy tú me has negado
y no has querido que viva la dicha de tenerte.
Sé generoso, no te resistas a mis besos
que sé han de quemarte al momento que te bese.
Seré para ti todo lo que tú quieras
me dedicaré solo a ser tu amante.
Dame solo una noche,
yo te enseñaré a amarme y a desearme.
Quiero que te entregues y no opongas resistencia
que esta noche para ti será imborrable.
No creas que esto es repentino, tú sabes
que te quiero, y que has sido mi todo.
Tú eres y has sido el secreto de mi vida,
no te alejes sin mirarme
atrévete a tocarme.
Te pido esta noche
y si no logro convencerte a que te quedes
entonces me será suficiente con el adiós.
y la noche que tú te quedes.

SIN CULPA POR TENERTE

De nuevo volví a sentir tu piel respirar junto a la mía,
una vez más visitaste mi cama para amarnos.

Otra vez mi vida se sintió sin culpa por ser solo tu amante
sentí mi cuerpo vibrar bajo la llama que despide tu mirada.
Por tus labios salían ardientes palabras que me invitaron
a amarte sin remordimientos.

La oportunidad de quererte es para mí
el regalo más grande que yo puedo ofrecerte,
tus caricias en mi mente son reales
y los besos son halagos
llenos de deseo que llevo encarcelados
en secreto con un candado llamado silencio.

SOLO PARA TI

La sorpresa que hoy me llevé de ti es inaudita,
la verdad me sorprendiste al enterarme por ti mismo
todo lo que quieres y esperas tú de mí.

Me dices que quieres mi vida a tu lado
que me dedique a ti nada más y que todo mi amor
sea solo tuyo.

Que mi comprensión, cariño, tiempo y mis años
todo lo que tenga te lo regale solo a ti.
No te das cuenta de que pides demasiado,
sin querer saber, ni escuchar los sueños que quiero realizar
yo también puedo pedir lo mismo o más que tú,
pero también entrego lo que llevo en mí,
se amar, comprender, respetar, esperar y escuchar.
Hoy por ti mismo me doy cuenta de que tú solo sabes pedir.

EL DOLOR EXISTE

Se puede vivir con el dolor por un amor que te haya dejado.

Existe el amor por alguien que se nos fue para siempre de nuestro mundo.

También está el dolor de ver a un hijo arrastrado hacia las drogas.

La tristeza y dolor que sientes cuando vez a un niño
mendigar por dinero o un pedazo de pan.
el dolor de ver como con golpes inhumanos
matan tantos animales para robar las pieles
eso lo hacemos las mujeres
y los hombres civilizados.

Existen infinidad de dolores, tristezas y más.
No sabemos a quién reclamar un mundo mejor.
Si al final somos nosotros mismos los que debemos cambiar
los motivos que puedan dar solución para acabar
con el dolor existente en este mundo irreverente.

EL VELO DEL OLVIDO

   De nuevo el velo de la tristeza se recorre ante mí,
dejando al descubierto un mundo de sentimientos
que yo sentía dormidos.

   Quizá solo estaban cubiertos por ese velo de olvido.
Te veía lejano y te sabia feliz, pero me duele saber
que, por vueltas que da la vida, hoy te tocará sufrir.

   El corazón se me llena de angustia pensando que se te acabará
el tiempo de ser libre y tu corazón se llenará de reproches y miedos
sé que te será difícil comprender los errores de tu vida
no es fácil entender lo que hoy te tocará vivir.

   Todo ese infierno que en un tiempo viví por ti,
hoy se te convirtió en un tumulto de temores
jamás pensaste que todo un torrente
de turbulencias cayeran sobre ti para herirte y humillarte.

   Sin tu saberlo me duele tu dolor y me angustia tu tristeza
nuevamente correré el velo
desgastado por el tiempo.

EL REGALO DE DIOS

Al perder tu corazón he perdido lo más valioso
que Dios me regaló.
Al marcharte te has llevado contigo mi ilusión
y mi esperanza de encontrarte en mi destino.

Perdí tu amor en el diario vivir
en ese ir y venir por caminos
los cuales yo jamás había caminado.

Se me esfumó la esperanza de encontrarte,
y no sé cuándo pero también
la ilusión por amarte se descosió del corazón.
Contigo te llevaste todo lo bueno que despertaste en mí.

Te perdí por no entender el amor,
dejé que se me fuera el regalo de Dios
y mi esperanza, esa también se fue.
Lo más importante dejé perder tu corazón.

DEBIÓ DE SER GRANDE

En nuestra mirada se notaba la sombra del adiós,
se veía una nube que presagiaba el rompimiento de nuestro amor.
Ese amor que debió ser grande entre tú y yo, no se consumó.
Hubo tantas opiniones que debían haberse quedado calladas.
Nosotros no supimos hacerlas a un lado.
No entendimos como proseguir lo nuestro para siempre. ,
No supimos defender lo que era nuestro. Ahora es tarde.
Lo notamos al vernos cara a cara.
En la mirada se nos quedan las palabras hilvanadas.
Esas que no se hablaron, las que no dijimos.
No tuvimos momentos de soledad.
Fueron tantas caricias pensadas
que nunca nos dimos la oportunidad de hacerlas realidad.
Y hoy de pronto nos vemos envueltos en una nube que nos cubre.
Nos arranca la posibilidad de podernos amar.
Me gustaría recorrer este camino,
que por segunda ocasión el destino nos ofrece.
Quiero regresar el tiempo para volver a encontrarte y tomar esa oportunidad que hace tiempo dejamos escapar.

EL AMOR BAJO LOS ESCOMBROS

   Hemos enterrado bajo escombros desprecios e insultos.
Todo lo bueno que por años nos ha mantenido juntos.
Fueron tantos sueños que construimos cada día
que nos creímos indestructibles.

   Nunca pensamos que nosotros mataríamos
ilusiones, sentimientos y tantas cosas que nos costó edificar.

   Como aquel sueño que tuvimos de querernos
y buscar todo lo bueno que nos da el amor.
Que, aunque difícil, con el tiempo logramos encontrar.
Se nos cumplieron los sueños, esos que se tienen
cuando se empieza con la persona amada.

   Fueron grandes cosas que hicimos tan de nosotros
que pensamos que nadie se podía interponer,
pero cómo hacer para adivinar el destino y así poderlo cambiar.

   Me hubiera gustado que el amor y los sueños
nos acompañaran hasta el final.

   Como reconstruir ahora, lo que nosotros destruimos.
Todo lo terminamos, con desprecios e insultos.
Matamos los sentimientos, se quedaron sepultados
bajo los escombros del amor.

EL OCASO DE MI VIDA

El ocaso de una vida es cuando
te detienes un poco a pensar y mirar atrás.

Volver la vista al pasado a lo que ya viviste
y te sientes feliz o insatisfecho por lo que lograste
el tener a alguien en quien recrear
tus recuerdos, vivencias y desear seguir vivo.

El ocaso de una vida es mucho más que tristes vivencias
es poder decir soy feliz y aún sigo aquí,
porque el haber llegado no quiere decir ya terminé
ya me gradué y que me siente a esperar.
No, la vida no termina aquí, estoy aquí para seguir,
luchar y por siempre ser feliz.

PEDAZOS DE AMOR

En la penumbra de mis recuerdos
asoma a mi vida la tarde de nuestro adiós,
aunque ya han pasado los años no te he podido olvidar.

Quise borrar de mi mente y de mi mirada ese cruel momento que viví cuando tú entregabas un amor que yo creí que me quería por lo menos así lo sentía.

Cómo exigirle al corazón que aparte tu recuerdo de mi cuerpo cómo hacer para borrar tu aroma de mi respiración y qué hacer con los recuerdos que se anidan dentro de mi dolor.

Cómo aprender a vivir con pedazos de cristales clavados en el corazón, qué hacer con las imágenes y los recuerdos que se convierten en filosos cuchillos que te cortan y te hacen sangrar.

DESEO APAGADO

¿Sabes? después de tanto tiempo
me doy cuenta de todo lo que tú eras para mí.
Fuiste ese amor que toda mujer quisiera tener
pero que un día deja de existir.

Fuiste un deseo apagado que apenas tuvo tiempo de nacer.
No lo dejamos crecer.
Para mí fuiste algo muy bello,
pero a los dos nos faltó la fortaleza
para luchar y vencer.

Nos faltó valor.
Ese que da el amor para defender
lo que ya era nuestro.
Mi amor siempre fue para ti
y el tuyo debió ser solo para mí.

LA LUZ DEL AMANECER

Como la luz del alba cuando empieza a amanecer
así te recuerdo aquella vez que en mi camino te encontré.

Fuiste como la más brillante estrella que
le dio luz al alma, tú me diste lo que a nadie le acepte.

Me entregaste la vida
entraste a mí como nunca nadie lo supo hacer
no creí encontrar una entrega sin reservas,
jamás pensé que te pudieras dar a mí
de la manera que lo has hecho,
creo que la luz de este amor la llevas tú.
Al amarme como hoy lo haces has logrado entrar
cada vez más en mi vida y mi sentir.

DEJÉ DE SENTIR ALGO POR TI

Cómo empezar a describir lo que yo siento,
de qué manera decir algo que no te hiera
y no anule tus sentimientos.

Cómo te puedo hablar sin hacer llorar tu corazón,
cómo escapar de la realidad, sin ver dolor en tu mirada,
no me atrevo a hacer pedazos las ilusiones de quien me ama.
Qué decirle a ese alguien que ya no hay nada para ofrecerle.
El tiempo y los años fueron haciendo crecer el olvido
que aunado a la desilusión ayudó a que naciera
el desamor en mi corazón.

Es verdad se me acabó el amor que un día te quise dar. De pronto se me quitaron las ganas de escribir y de decir te quiero no sé en qué momento pasó, pero deje de sentir bonito al escuchar tus pasos solo sé que hoy me eres indiferente. Te veo, te escucho y te acepto, pero ya no te amo, no me nace el deseo te me saliste del pensamiento, del alma, te me saliste de adentro.

EL DOLOR LASTIMA

Y cómo apagar el fuego que despertaste en mí
cómo lograr olvidar lo que viví qué hacer para desaparecer este
dolor que lastima y frustra mi alma cuánto podrán durar esas
cenizas sin que se extinga el dulce sabor de tu recuerdo.

En qué momento encendiste esta luz que ilumina y da
esperanzas no sé cómo, pero se avivo el amor dormido.
Llevo tatuado el fuego del recuerdo que despertaste.
Ni el dolor logra apagar lo que aún vive dentro de mí.

Sé que no te quiero olvidar.
Tu recuerdo me da esperanza
y eso abraza y alivia el alma.

CON LA VERDAD EN LAS MANOS

Siempre creí que solamente era yo,
quise creer que me querías.
Me llenaba de ti, amaba tus besos
y adoraba tus caricias.

Pero la vida se encargó de despertarme del sueño que vivía.
Te diré que no es fácil creer por tantos años en ti,
para que hoy vengas a traerme tu verdad en las manos.

Las evidencias no se pueden desaparecer con las palabras,
me puedes decir que nada es verdad.
Tú sabes que desde hoy entre tú y yo ya nada será igual.
Podrás hacer mil juramentos, pero todos irán derecho
al cesto de mentiras que ya rebasaste.

Con la mirada me estás diciendo todo lo que tus labios
estúpidamente quieren callar, y sí, me hubiera gustado
que lo nuestro fuera para siempre, pero tenemos
que aceptar que la verdad nunca miente.

TU MIRADA ME ACARICIABA

  No sé si aún te amo, pero sí sé que te amé
y en ese momento fuiste para mí lo mejor
y más grande que he tenido.

  Tu sonrisa era suficiente para poner el cielo entre mis manos,
nada parecía opacar o borrar de mi vida
la felicidad de que me amaras.

  Sabía que a tu lado nada malo pasaría, que al roce de tus labios
yo sanaría cualquier herida o duda que en mi surgiera.
tu mirada me acariciaba, yo me sentía la más amada.

  Sabía que me querías y mis sentidos enloquecían cada vez que
te veía. Te he tenido cerca, tú estás en mí, no tengo para qué
buscarte.

  Tú vives muy cerca
en las raíces en las cenizas
que tú dejaste dentro de mí.

CREÍ QUE TE QUERÍA

Te creí el hombre de mi vida, siempre sentí si tu sentías
te amé cuando me amabas y lloré contigo si llorabas.
Pensé que al adentrarme en tu vida
era suficiente para sentirme plena y amada.

Estuve atada por años a un sentimiento engañoso
pensé que si tú eras feliz yo también lo sería.
Incluso llegué a creer que si no lograba la plenitud a tu lado
la culpa sería solo mía.

Pero que equivocada he vivido gran parte de mi vida
es ahora que me doy cuenta que no basta querer
o pretender ser feliz, que no puedo cubrir con
sonrisas falsas lo que realmente llevo
viviendo dentro.

MIS PASOS

   Si mi destino eres tú, prefiero regresar mis pasos
y cambiar mi rumbo antes que por un simple
capricho de la vida me toque vivir
de nuevo junto a ti.

   Ya tuve la oportunidad de conocerte y me di
cuenta que tú no estás apto para amar y no
estoy dispuesta a destruir mi sentir
deseo extender mis alas para volar en libertad.

   Quiero seguir creyendo en todo lo bueno que aún
puede suceder, son tantas cosas que tú no sabes
entender, es por eso que cambiaré el destino
de mis pasos para no encontrarte
por los lares que acostumbro a caminar.

TRISTE AMOR

  Al irte tú de mí muy pronto te pesará
ella no te amará no te querrá
como lo hago yo.

  Aunque ella dice quererte tanto, no sabrá soportar
lo triste y humillante que es tener a su lado un
pobre amor, es muy poco lo que tú tienes para dar.
Si como dices te vas a ir, que te vaya bien
pero no se te ocurra volver, no te quiero
ver regresar.

  En mi corazón no estarás más, ojalá que ella
te quiera la mitad de lo que te quise yo
y que aprendas a querer y a dar un poco más de ti
para que ella sea feliz.

AGRADECIDA

Hoy, tiempo después que tú me dejaste.
Reconozco que fuiste tú quien
de mí se marchó.

No te lo reprocho, nunca lo haría,
por el contrario, te estoy profundamente
agradecida por haberme hecho ver
lo poco que valías.

Tú te imaginaste que sin ti sufriría que
por ti me perdería.

Qué estúpido fuiste al pensar que aún te amaba.
Nunca te diste cuenta que era pena
la que me causabas por eso te aceptaba
y te soportaba.

POR TU AMOR

No sé qué hacer para ya no pensar más en ti
para olvidar y no sufrir más.
No sé cómo alejarme sin reprochar
o querer cobrarme en otro amor
lo que hoy me duele por este adiós.

Quiero alejarme de ti tranquilamente
sin humillarme, ni agredirte u ofenderte.
Todo esto que siento y llevo dentro
ensombrece la sonrisa de mis labios.

Todo esto me llenó el corazón de resentimiento.
El amor me dice que entre en razón y perdone
que me quede a tu lado, pero el rencor,
el coraje me exige que me aleje
sin un perdón que no mereces.

POCO HOMBRE

Te dije antes que no volvieras
que no quería volver a verte
y tú descarado regresas a buscarme
qué poco hombre has resultado
tú que te fuiste echando y diciendo
que por mi amor no volverías.

Qué poco te duró el gusto
de haberme ofendido.

Y todo por un machismo mal entendido
claro que no te perdono nunca lo haría
aunque me ruegues ese perdón
no lo tendrás mientras yo viva.

MI DEUDA CON DIOS

Eres mi negro destino
eres lo que una mujer
no desearía encontrar en su camino.

Eres mi destino equivocado
que al ir buscando con quien compartir mi amor
por desgracia se cruzaron nuestras miradas.

Nunca he pedido tanto, solo deseaba algo bonito
tener a alguien con quien luchar para construir
el hogar deseado.

Solo tenía el anhelo de la persona amada
para compartir amor, felicidad y vida.
La verdad no sé qué es lo que yo debía,
me doy cuenta de que era grande mi deuda con Dios.
Pues apareciste tú
una persona sin capacidad de amarse
no tienes amor para ti, mucho menos
tendrías algo para mí.

MI VIDA EN EL OLVIDO

Lo que tú esperabas de mí
es que yo me consumiera esperando tu regreso,
que acabara mi vida en el olvido
después de tu desprecio.

Pensaste que yo marchitaría mi vida
en las llamas de la desesperación
y que el dolor de tu olvido sería para mí
suficiente para derrumbarme.

Tú sabes cuánto te amo, te quiero como a nadie,
mas nunca será la destrucción
el darme cuenta de que el hombre
de mi vida, se fue sin explicar nada.

LA SOLEDAD

   Estuviste entre mis manos y te quisiste ir,
yo hubiera querido retener tu vuelo
y más porque sentía que contigo
se irían de mí, la vida y mis anhelos.

   Estuviste en mí como el sol más candente,
pero al irte de mi vida se han perdido mis deseos
de sentir tus caricias suaves y estrujantes.

   Mas en tu loco vuelo no te detuviste a pensar
que quizá lloraría o hasta moriría por ti.
Y te fuiste por el mundo maltratando tu plumaje
pues te has golpeado contra muros de tristeza,
también te tocó vivir la desilusión
que deja un amor que decide irse
y la soledad te aniquila y te abraza.

EL SABOR DE TUS BESOS

He intentado vivir en su piel
lo que por tanto tiempo contigo fue,
he abrazado su cuerpo y he sentido su aliento
tan cerca, mas todo eso no me ha bastado.
Nadie será para mí todo lo que yo intento olvidar de ti.

He dejado atrás y he tratado de olvidar
el sabor que aún tengo en mis labios de tus besos.
Intento encontrar en él algo nuevo
que me haga sentir, vibrar y amarlo
sin tus recuerdos sobre mi piel.

Siento su deseo ardiente que me quema cada noche
dentro de mi vientre, más ese fuego no es suficiente.
Al irte apagaste mi deseo. Contigo se fue
el amor que fundía tu piel en la mía
y ese placer que contigo viví
jamás con nadie lo volveré a aspirar.

MIS MEJORES PENSAMIENTOS

No quisiera ser hoy la muerta por la que se reza y se le llora
no quisiera que se quede después de mí
una estela de tristeza porque ya morí.

Me dolería mucho el saberme culpable
de sus lágrimas derramadas,
no quisiera verme muerta y al mismo tiempo
verlos destrozados por un dolor que no me devolverá
la manera de vibrar de nuevo en la vida.

Mejor dejen que mi espíritu parta a donde nadie escapa
aunque les confieso que no quisiera saber mi momento,
sé que en un punto del infinito se me cortará el aliento

Me iré de esta vida que me ha sido prestada
en la cual les regalé con gusto: mi tiempo, mi amor,
mi cariño, mi vida y mis mejores pensamientos.

SE ACABÓ

Te cobraron eso mismo que un día tú,
sin hacer un alto en tu vida, en mí recaudaste.
Entonces no pestañeaste para pensar y preguntarte
si esa inesperada cobranza me dolería.

El impacto de tu traición me dejó sin habla,
de momento me sentí humillada
después me dolió saber que no eras como yo esperaba.

Al pasar el tiempo aún me da coraje, pero no por lo que no fue sino por lo que hoy vendrá.

Un hombre humillado y traicionado a quien no estoy
dispuesta a recibir, mucho menos vivir a su lado
lo nuestro lo destruiste tú, pero ya no tengo reclamos
ni reproches, todos se quedaron en el camino
pisoteados por ti.

TE PERDÍ

Ya no estoy esperando a que vuelvas, me doy cuenta
que hoy sí te perdí y esta vez es para siempre.
yo te quise, pero nunca te lo dije, para qué
decirte algo que de sobra tú sabes.

Nunca pensé que eso era lo que tú deseabas, que yo te dijera
de una y mil maneras cuanto te amaba.

No creí que para ti escucharlo fuera tan necesario
yo creí que con solo quererte sería suficiente
no me di cuenta que tú necesitabas que yo te amara
con hechos, sonrisas y palabras.

LA TRISTEZA SE NOTA EN LA MIRADA

La tristeza también la llevo en el alma, desde hace mucho tiempo siento que la tengo en la mirada y aunque no quiero también se me nota en la cara.

No he podido levantarme para volver a ser yo, me duele tanto por dentro. Las reacciones que has tenido en tus respuestas a medias y en que siempre rehúyas el tema, fuiste tú el que te me caíste de lo más alto y profundo del corazón.

Yo también tropecé junto contigo, no pude detenerme y caí hasta el fondo del abismo donde siento que no he tenido salida, porque yo misma me he cerrado las puertas.

Quizá debió ser solo tu caída, pero no pensaste en que yo me derrumbaría, ¿sabes? yo tampoco lo hubiera creído porque siempre he pensado en que, si algo así nos pasaba, yo podría seguir viviendo como si nada hubiera pasado.

Pero hoy que me veo en esta situación, aquí sentada frente a mi taza de café, me suelto llorando por todo y por nada.

Sé que algo muy grande está pasando dentro de mí y es que la tristeza no solo la traigo en la cara dibujada o en el corazón tatuada también la tengo anidada viviendo dentro del alma.

Sé que tengo coraje y un gran amor lleno de desilusión, también está el rencor que nació después de tu traición, y algo que se llama miedo también vive conmigo.

Miedo a un amor que ya no será para mí, miedo a la soledad que está cubriendo corazón y mente, no veo manera de destruir mis temores, son tantos que se han acumulado y los llevo conmigo a diario.

Todo lo veo con segundas intenciones, soy yo la que se quedó en el fondo, y no sé cómo salir porque tus palabras no me suenan ciertas. Se me acabó el amor y las ganas de creer, de perdonar para volver empezar.

ME FUI QUEDANDO SOLA

Me fui quedando sola sin ustedes, sin querer decirles nada
de lo que a mí me pasaba.

Me he sentido sola, sin vida y sin nada desde hace mucho
tiempo no he respirado otra cosa que no sea tristeza y soledad.

No sé lo que me pasa, pero siento el alma derrotada.
Me da dolor sentir el aire que me toca la piel, pero
también me asfixia lo muy poco o nada que recibo de ustedes.

Siento un algo que me ahoga y no deja que salgan mis
palabras y de mis ojos, que a veces lloraban, hoy mis lágrimas
están agotadas.

Por muchos años lloré lágrimas saladas que te queman por
fuera y te llagan por dentro.

Después mis lágrimas se tornaron amargas porque me di
cuenta que yo ya no importaba.

Hoy mis lágrimas son de cristal y más crueles
porque éstas ya no me dejan aliento para hablar o respirar
solo puedo pensar en que yo siempre los voy amar.

COMO UN CASTIGO

  Como un castigo llegaste a mí
como un triste castigo gris
eres conmigo un amor desesperado
y castigas mi cuerpo al dejarlo esperando.

  Eres un martirio por el cual lloro
tú me castigas y yo te amo, tú eres el dolor
y yo soy el remedio para curarnos los dos
te niegas cuando te busco
tú eres la cruz y yo la cara
de la moneda que con el tiempo te ha de ganar.

TU AMOR NO SOY YO

La desconfianza hacia ti me hizo trizas la vida, llenó de dolor el corazón. Lo único que quedó en mí fueron los pensamientos que no dejan de imaginar y de crear malos sentimientos que solo torturan y me matan el alma.

Te veo a la cara y creo ver en ti la imagen de un amor que ya no soy yo, se me queda el dolor y asfixia mi garganta y me ahogan las lágrimas que ya no quiero que salgan.

Siento el dolor burlándose de mí, que por algún motivo me está cobrando todo ese amor que por ti sentí.

A veces pienso que me excedí al quererte así, te di de más y hoy el tiempo me hace despertar gritándome una verdad que yo no quiero escuchar.

Me di por completo a ti, hice a un lado las cosas que no se deben olvidar, crucé barreras que nunca debí traspasar por ti dejé perder amores que aman de verdad sin ponernos condiciones.

EL AMANECER DE AYER

Me consumí en tus ojos llenos de fuego
me hundí en tu boca húmeda y fresca
me asomé a tu vida cálida y clara
dejé entrar tu vida a la mía
te quise, aunque no te conocía

desde que te vi ya no pude alejarme
ni quise que tú te marcharas
para ti desnudé mi vida y mis sentimientos.

Sin embargo, mi alma se la regalaré a Dios
juntos fuimos aprendiendo: te quise y te quiero
por eso me di a ti sin pensar en el mañana
ni en el amanecer de ayer que ya se fue.

UN ARCOIRIS PARA MÍ

El arcoíris que fue mi vida cuando yo era niña
eso es lo que me gustaría volver a ver.
Esos colores que te regala la vida,
cuando nada te opaca el alma.
Esas amigas que hoy son arcoíris que iluminan
con sonrisas mi vida.

  Solo eso me gustaría tener.
Quisiera olvidarme de ese mundo triste de tantos años,
viviendo atrás de muros húmedos y obscuros.
Quiero dejar lejos de mí los recuerdos de esos veinte años
cuando me mantuvieron aislada viviendo secuestrada.

  Por muchos años no sabía que estaba a obscuras
que en mi vida no tenía un rayo de luz del día,
no me di cuenta que estaba tan sola.
Siento miedo volver a la vida,
no sé cómo o de qué manera sonreírle al día nuevamente.

  Siento temor de pedir o hablar.
Me quedé anclada en los 14 años que tuve ayer,
pero hoy tengo un sueño para volver a vivir,
quiero un cielo azul solo para mí
y poder pintarle un gran arcoíris
a todo esto, que hoy le llamo vida.

UN MUNDO DE VERDADES

Estoy viviendo en un infierno que envenena mi mente y que me está quemando el alma. Desde hace tiempo se anido en mi diario vivir, es un infierno lleno de dudas. Solo he podido alimentar mi amor hacia ti con la decepción que por todo este tiempo he sentido al saberme traicionada.

También tengo escondido conmigo un enemigo que siento como destruye y corroe por dentro todo lo bonito que sentí por ti. Ese mismo infierno anula el amor que siempre ha estado en mi corazón. Tengo miedo de que poco a poco vaya ganando terreno en mi interior el desamor que nos deja el tiempo después de saberse reemplazada.

Yo quisiera creerte, pero toda esta obscuridad que cubre por dentro mis sentidos no me deja vivir para amarte sin rencor. Cada vez que te veo a la cara yo quisiera encontrar verdades que borren las dudas del corazón o confirmen mis sospechas.

Vivir torturándome me hace desear la muerte. Tú no sabes cuántas veces he pensado que es una opción. Yo quiero salir de este dolor mas no lo he podido lograr, por lo contrario, siento que me hundo más cada día y a veces creo que así soy feliz. Me ha costado mucho salir de esta tristeza y esas noches que no duermo son las que me destruyen. Yo doy un paso hacia adelante tratando de darle una luz a mi vida, pero cualquier cosa que pasa se vuelve contra mí. Me derrumba hacia un abismo que me aplasta, me aniquila y me mata.

YO COMO NIÑA TÚ COMO AVE

Tu dulce canto morado me hace recordar a la madre de mi madre a quien cada domingo solíamos visitar,
tu bello canto me recuerda la época en que era niña
me sentía feliz cuando te escuchaba reír o cantar.

Con tu canto de paloma morada me hacías reír cuando aleteabas y me hacías soñar cuando volabas. Te elevabas con tu rítmico vuelo y yo con mi pensamiento junto contigo también volaba, yo como niña que apenas alcanzaba cinco, tú como ave, yo desde el suelo y tú sobre el viento.

Cuando escucho tu peculiar canto me hacer recordar que cuando yo era niña cada domingo mis hermanos y mi madre solíamos a mi abuela visitar, para contigo poder soñar
que algún día tú y yo juntas podríamos volar.

MI FLOR DE ESPERANZAS

Los pétalos uno a uno fueron cayendo
yo misma los fui arrancando. Mientras
caminaba abrazada por la melancolía
intentaba arrancarle las respuestas
que tú no me quieres dar.

Me duele tu lejanía, estaba sola caminando
a ciegas exigiéndole a la vida esas respuestas
que tú no quisiste darme.

Mi flor de preguntas y respuestas se fue acabando
mis pasos confundidos no sabían hacia dónde
caminaban y mi flor hecha de esperanzas
yo misma la deshojaba, en cada pétalo
que yo arrancaba también mi vida se deshojaba
y en cada paso que yo avanzaba, tristemente
también mi alma se marchitaba.

LOS HILOS DE SUS PENSAMIENTOS

Hoy de pronto me sentí muy sola. Entré a mi casa
Y nadie me esperaba, solo el vacío abrió los brazos
para que yo entrara.
　Me detuve un momento para mirar lo que en ella
me esperaba. Eran solo objetos que sin ustedes
ellos no me dicen nada.
　Tantos amores que yo he tenido y se han ido
dejándome sola. Quizá hoy se encuentran mirando
otro cielo caminando su propio sendero.
　No quieren mirar atrás o detenerse un poco y ver
lo que ellos van dejando a su paso. Soy egoísta
y quisiera manejar los hilos de sus pensamientos
como cuando ellos eran mis pequeños.
　Pero esos hilos se han reventado y ya no hay manera
de que escuchen o aprendan.
　Me he quedado sintiendo la soledad del alma y esa
duele mucho más que la soledad del cuerpo.
　Hoy que me he quedado sola me puse a escribir
con tinta de colores este poema para que no se vean tristes y
grises sus palabras, pero los necesito a ellos para que me pinten
de colores la soledad del alma.

TODO LO MEJOR DE MÍ

En el momento de entregarme a él, olvide que te quería
borré todo y se nubló de mi mente que a ti me debía.
Yo vivía opacada por ti. Al sentir su cuerpo tan cerca de mí
olvidé tu cara, perdí el pudor y le entregué a él
todo lo mejor de mí.

Tú despreciaste lo que yo te daba, y me esforzaba
para que tú me amaras, él no me pone el pretexto
que ya somos viejos. Él solo me ama y me acepta
lo que yo le entrego aun con mis defectos.

Yo necesito tu cuerpo y tú solo me das palabras de aliento
y frases blancas cuando realmente a mí me hacen falta
tus besos apagando mis deseos.

Con él tengo todo eso que contigo ya no tendré
aunque un día en el pasado fue a ti a quien más amé.
Necesito de ti, pero no estás, te quiero amar pero
tú mejor te vas.

ME HICISTE MORIR EL ALMA

Cuando más alto te tenía me di cuenta que me estaba
quedando sin nada, cuando creí que tenía superado el miedo
a la traición.

Tú me desmentiste cuando me hiciste morir el alma
por muchos días y noches estuve tentada a irme de la vida:
quería morir, pero no encontré la manera de no hacer
sufrir a los que de verdad me aman.

Tuve que morir en vida infinidad de veces, para darme cuenta
que eso no me daría la paz que en ese momento yo anhelaba
me puse a buscar de qué manera seguir y aceptar mi realidad
fueron las palabras sabias de Dios en los labios de mi hijo
que me hicieron ver que no tenía derecho, que él me
necesita a mí, más de lo que yo pudiera amarte o
necesitar de ti.

EL TIEMPO JUGÓ CONMIGO

Sé que yo fallé a la promesa que un día te hice de dejarte ir
pero el tiempo jugó conmigo.

Él atrapó mis palabras y hoy siento que me obligó a mentir.
En algún momento pensé en dejar que te fueras
si tu amor hacia mí se terminaba.

Pero la vida me regaló un dilema y con los años
mis prioridades fueron cambiando
el tiempo pasa y las palabras mienten.

Yo creí que sería más fácil decir adiós
sin derramar lágrimas por ti.

ME SACASTE DE TU VIDA

Quiero pensar que nada pasó y que no fuiste tú
el que hoy me falló, el que sin explicación alguna
hiciste doler todo el amor que te di.

Quiero pensar que no fuiste tú quien dijo adiós
y sin decir por qué se ha marchado sin decir palabra o una
razón para entender el motivo de tu adiós.

No sé en qué momento sin que yo me diera cuenta
me sacaste de tu vida y seguiste por un camino
en el cual no aparezco yo.

Esperé tanto por tu amor como si esperara a Dios
ansiaba tu regreso y a mí jamás me importó el tiempo.
Sonreía con mis lágrimas en la cara para que la lluvia
fría y cruel no me criticara, no se burlara.

ESTA SOLEDAD TE LA DEBO A TI

Si yo pudiera hablar contigo te diría que ya no te quiero, si pudiéramos platicar me sinceraría contigo y te diría la verdad. Te haría saber lo que pienso, lo que lleva mi corazón por dentro. Si yo pudiera decirte en qué momento pasó, te lo diría de una vez porque solo he podido vivir momentos tristes.
Desde que te conocí tú jamás has sido romántico ni de palabras bonitas, pero aun así yo sentía que me querías. Siempre me lo demostraste con caricias y besos.
También tus manos hablaban a cada momento bastaba estar cerca de ti para que ellas me dijeran todo lo que sentían por mí. Los dos sabemos del amor que me tenías, aunque no lo dijeras con palabras, yo lo sentía cuando tú me tocabas me mirabas o me abrazabas.
Hoy sé con certeza que ese amor ya no está, no lo siento, no lo veo. Sé que ya no es para mí. No sé en qué momento, pero lo perdí. Sé que tú lo sabes, pero no me lo quieres decir por temor a lastimarme, bueno eso quiero pensar. Pero no creo que me duela más que la incertidumbre que me tengo que tragar.
No me será fácil lo sé, porque hasta hoy no he vuelto a sonreír o a ser feliz y no, no es mi imaginación, la amargura y el dolor que me consumen me lo hacen saber. Yo siento el sabor amargo que me ha nacido en el alma.
Siento que el dolor me arrastra y el mal sabor que dejaron los "no te quiero" aún siguen vivos. Por más que intento no los olvido, mis lágrimas brotan como invitándome a olvidar, pero el corazón es terco y no aprende a perdonar. Se me hace más fácil vivir sola y que no estés cerca de mí. Esta soledad te la debo a ti porque poco a poco me fui llenando de ella al darme cuenta de que tú me mentías, me fuiste alejando de tu vida sin que yo me diera cuenta.

TUS MENTIRAS

No me derrumbaré por ti, aunque en mi alma hay tristeza de muerte ya no pensaré en el amor que contigo perdí no serán ni tú ni ella los que entierren mi orgullo y no creeré que tiré a la basura estos veinticinco años que a tu lado viví.

Mi vida no se quedará sola, lo que tengo de ti, aunque tú quisieras no te lo podrás llevar, lo que si estoy segura es que te irás con las manos y el corazón vacíos.

Te llevarás tu vida y no estaré ahí porque tú decidiste sacarme de ti no rogaré porque te quedes no me sentiría bien si suplicara, me han hecho daño tus mentiras, aunque tú sabes que yo esperaba una traición como ésta, pero aun así me has lastimado.

Mi temor siempre existió, de que no cumplieras tu promesa mucho menos pensé que serías tan evidente la verdad la tengo en las manos y tú solo me dices mentiras, aunque tus palabras me lo niegan yo puedo leer en tus ojos esa verdad que tus labios no quieren aceptar.

UNA BURLA DIBUJADA

Creí que el tiempo me ayudaría a olvidar tu engaño
pero no ha sido así han pasado más de dos años y el corazón
no perdona ni quiere olvidar.

Te mentiría si te digo que traté, aunque solo hubiera sido una
vez cómo podría si cada que te acercas y me besas creo mirar
una burla dibujada en tu boca que nunca dice nada.

Cuando te veo a la cara sé que algo me ocultas, a veces creo
que quieres hablar del tema, pero no te atreves y eso me
atormenta yo te miro de frente y tú esquivas la mirada, siempre
he podido leer en tus ojos y se de antemano que tú mientes.

ME LO DICE TU CARA

Hoy te vas a marchar me lo dicen tus ojos
a punto de llorar
me lo dice tu cuerpo que rechaza por las noches
las caricias y mis besos que tanto amabas.

Me lo dicen tus labios que no me dicen nada
tal vez sienten miedo del daño
que pueden causarme.

Tus besos no son los mismos se sienten diferentes
son besos ausentes,
me lo dices tú sin decirme nada
me lo dice tu cuerpo que ya no me sabe a nada.

PIADOSA MENTIRA

Fue piadosa pero esa mentira solo retrasó
el momento de tu adiós
todo lo que yo adoraba de ti se desmoronó frente a mí
yo amé de ti hasta el más mínimo detalle,
una mueca, una sonrisa
o un gesto, esas pequeñas cosas
son las que me hicieron amarte.

Pero como dijiste aquel día todo era solo una piadosa mentira
tú no me querías, pero yo si me enamoré de ti
si hubieras hablado a tiempo
me hubieras ahorrado estas lágrimas
que tanto me están doliendo.

Nunca me dijiste que tú solo buscabas una amistad
me dejaste creer en algo que nunca iba a suceder
me dejaste amar lo que hoy no puedo olvidar, te di mi vida
en esos besos a los que hoy debo renunciar
yo amaba una mentira y hoy me duele lo que mi corazón
no quiere escuchar, olvidar ni perdonar.

TUS PALABRAS SON BESOS

Me atormenta tu amor porque estás lejos y me duelen
tus caricias que ya no siento
extraño tus palabras porque han sido como besos
que tú me envías desde lejos.

Hoy me hizo falta tu llamada, la estuve esperando
hasta las cinco de la mañana
quería escucharte, pero no quise llamarte
preferí quedarme cavilando en la obscuridad.

No sé con quién hablar me siento sola y extrañándote
solo las lágrimas siento que me consuelan
las canciones de la radio
no me alientan en nada todas eran con
la intención de que llorara y te extrañara.

SIN PENSARLO DIRIA QUE NO

Te he querido mucho pero no sé si he sido feliz
mis soledades han sido muchas y las tristezas
no podría contarlas.

Creo que la felicidad la he vivido a intervalos
quizá nada más cuando tú estás en casa
porque cuando tú no estás si alguien me preguntara
si soy feliz, sin pensarlo diría que no.

No me ha sido fácil vivir lejos de ti: son muchos años
y aún no se acostumbra el corazón.

Me duele tanto la vida
saberte tan lejos y mis lágrimas, aunque quisieran
no me ayudan solo se burlan las condenadas.

TU NUEVA ILUSIÓN

Hoy es diferente no encuentro confianza en mí
no tengo calma para esperarte, presiento que algo pasa
es la certeza que tengo de una nueva ilusión en tu vivir
es triste enterarme de que a mí como a tantas más
me tocó la gran suerte de ser traicionada.

En mis sueños te veo con ella cada noche, no puedo evitarlo
por más que intento hacer a un lado todo lo que me hace daño
siempre aparece lo mismo es algo decepcionante y cercano,
tanto que hasta la puedo oler y describir su rostro a través de ti
es por eso que entre nosotros existirá la
soledad que siempre dolerá.

INSEGURIDAD

He llegado a la edad de la inseguridad
desde hace algún tiempo a esta parte
no estoy segura de nada.
casi siempre veo cosas donde no hay nada que ver
escucho lo que no es
pienso cosas que me hacen daño y
sufro el dolor de mi silencio, todo porque
no estoy segura del amor que él dice tenerme.

Sé que me quiere porque lo siento.
También sé que los años pasan, la vida sigue
pero los años no solo pasan, sino que se quedan en mí
en mi vida en mi cara y en mi cuerpo

Y esa es la inseguridad más grande de mi vida
con frecuencia ocurren cosas como la separación
o el divorcio de ahí nace la desilusión por el ser amado
también hay quienes pase lo que pase siguen unidos
lo que no entiendo porque tendría que ceder
ante alguien en quien no puedo confiar.

NO PUEDO OLVIDAR

La tristeza que llevo en el alma no me la quita ni tú ni nadie
ni tú con ese amor que hoy quieres darme.
siempre te he amado, jamás te he fallado, te he
querido tanto que no puedo perdonar.

Hoy me quieres y sé que es verdad, pero hubo algo, tu traición
algo de lo que nunca te creí capaz y eso no lo podré olvidar
te creí perfecto y te idealicé tanto que
me está doliendo la vida porque aun no entiendo
que queriéndome tanto me fallaste de esa manera, me duele
el alma y se me asfixia la vida por eso no puedo aceptar
que si tú me quieres de verdad me hayas podido traicionar.

ENGAÑOS QUE DUELEN

No quisiera pensar y sin embargo por más que intento
no logro retirar los malos pensamientos que acechan
mi mente.

No logro sacar de mi vida estos nefastos sentimientos y a todo
esto que siento yo les llamo celos, miedo e inseguridad
quizá por esta razón veo lo que no hay, presiento y me
duelen engaños que solo existen en mi alocada mente.

Son tantas cosas que me torturan que, aunque quiera
no tengo el poder de arrancarlas u olvidarlas
por más que intento no logro limpiar de dolor al corazón

Pero he aprendido a vivir con todo esto, con mi mente mal
pensada, con mis miedos infundados, poco a poco
los he sobrellevado sin que tú te des cuenta.

COMO UN DESIERTO

Yo bajaba la cabeza esperando un golpe más un golpe,
con desprecio, lleno de la fuerza y el amor que yo creía se
encerraba entre los nudos de los puños de tus manos.

También venían plagados de palabras soeces que con dolor
golpeaban mi cara, mi orgullo lastimado gritaba de impotencia
dolor y coraje.

Mataste poco a poco lo que un día fue un amor muy grande
me acostumbré a esperar el día siguiente como un tormento
más, mi vida no encontró a tu lado la palabra felicidad. Tú
destruiste el amor y la ilusión que yo hice crecer en mí por ti.

He buscado argumentos para tratar de restarle tristezas
al dolor de haber vivido junto a ti, pero por más que busco
no encuentro ese algo que te pueda disculpar y perdonar.
Todo lo que mis hijos y yo mal vivimos por ti esperando el
ansiado cambio que nunca llegó.

Con nada me pagas los días grises que ellos vivieron
y todas nuestras noches llenas de amargura y miedo
 aunque quise ser fuerte de todas formas mis lágrimas
rodaban incontenibles como cascadas de muerte.
Nunca pude entender tu vida llena de nada, lo que si aprendí
es que tu corazón está seco de sentimientos y árido como
el desierto.

SONRISA TATUADA

Si al despertar no me encuentras, ten la seguridad que para ti no estaré más. Si no estoy dentro de tu cama eso quiere decir que de noche me fui.

Son tantas cosas que debiste adivinar e intuir tú de mí, desilusiones que contigo viví, las cuales no comprendías. Para ti yo tenía que ser feliz, querías creer que todo estaba bien.

Que todo tiene que ser como un logo que debemos llevar tatuado como una sonrisa, una caricia o un tener que despertar de buen humor

Tú siempre quisiste ver felicidad, aunque no la hubiera o creer que yo te quería, aunque no lo sintiera son esos detalles los que hacen que el amor pierda su fuerza y son destellos de tantas cosas que nos van avisando y opacando lo que debía ser grande.

Son tantos malos y pequeños momentos que se nos van acumulando. Van formando las montañas de desengaños o ríos que solo arrastran olvido a su paso de todo lo que pudo ser y se nos fue.

Aunque tarde lo comprendí, hoy decidí irme para siempre lejos de ti.

EL SELLO DE TUS LABIOS

Con tu visita de anoche me siento sobre las nubes
porque en ese sueño solo estuvimos los dos.
Llevo años resistiéndome a tu recuerdo, he querido arrancar
tu sonrisa de mi pensamiento, he tratado de borrar
el sello que tus labios han dejado sobre mi cuerpo.

Me he hecho fuerte para no pronunciar tu nombre a cada momento, pero tú como siempre te metes en mi vida y no dejas que decida. Cada noche me pierdo en tu recuerdo y sin querer te traigo hasta mi almohada, no sé qué fuerza ejerces sobre mí que sin ningún recato te metes en mis sueños y te ruego
que me ames.

Yo, descaradamente, me dejo arrastrar por ese amor insano que me entregas, te dejo que me lleves al delirio con tus besos y por momentos me he olvidado de ser fiel.

Por las noches te sueño, no me arrepiento, pero al despertar me reprocho no tener la voluntad para apartarte de mi vida. Llevo tanto tiempo escondiendo sentimientos que me arrastran sin recato a hacer y sentir cosas que no debo. Sin embargo
te extraño las noches que tu no vienes

ME CANSASTE EL ALMA

Me cansé de ti, me cansé de ser una cosa que utilizas cuando quieres o se te antoja. Me harté de ser tu nada, un alguien que quizá jamás te inspira algo bonito. Para ti he sido ese cero a la izquierda que nunca tomas en cuenta.

Contigo me gasté el amor, se me olvidó el orgullo hasta tuve que sumar un mucho de coraje para poder soportarte sin amarte.
Por ti se me acabó todo, tú lo destruiste. Anulaste mi corazón lo fuiste haciendo añicos. Te amé, pero también te odié.

Por ti murió mi amor, el odio y coraje que por años hiciste nacer en mí no sé en qué momento, pero se acabó. Hoy ya no eres nada en mi vida, me cansaste el alma y me hartaste la existencia. Destruiste todo lo bueno que por ti sentí. Tú mismo te has encargado que ya no sienta nada, se me fue la tristeza y se acabó el dolor. Todo se derrumbó lo enterré junto con las ilusiones que hace años murieron dentro de mí.

El amor se convirtió en odio y todo eso hizo que te volvieras en nadie. Todo tú te me saliste de aquí dentro, tu risa me suena hueca, tú mirada ya no me habla y tu olor, que yo adoraba, todo eso se convirtió nada.

TUS LABIOS SOBRE MI PIEL

Eres mi sueño imposible.
Te quiero, aunque no debo.

Me gustas y tengo miedo, pero no quiero borrar de mí
las sensaciones que me despiertas.

Jamás alejaré de mí lo que tú me haces sentir.
Siempre serás en mi vida el aire para vivir,

Deseo tu vida junto a la mía, que tus labios
vibren sobre mi piel, quiero amarte eternamente.

Deseo ahogar en mi garganta tus palabras, con
mis besos quiero probar el sudor de tu cuerpo
en el momento de nuestro encuentro.

EL REEMPLAZO

  Sabes quiero que sepas que aún está vivo aquí dentro
A pesar del dolor que me causó darme cuenta de que en mi
ausencia encontraste una amante.

  Aunque he querido pasar por alto la tristeza
que sentí, no he podido olvidar.
Ha pasado el tiempo, pero no ha sido suficiente con querer
borrar eso que me hizo daño. Para ti es fácil
decir te quiero.

  Pero quien me asegura que lo que dices es verdad. ¿Cómo
olvidar y perdonar? si a donde voy llevo conmigo la duda
clavada en el alma. Y qué hago con la tristeza
que me pregunta todos los días cómo hacer a un lado
el coraje que me provoca el rencor y la humillación
de saberme traicionada.

OLAS DE PLACER

   Olas de placer al estar contigo
cuando recorres con tus manos y besas todo mi cuerpo
los deseos afloran en mi piel que ansiosa pide y reclama
el sentimiento que me dejas al contacto de tus manos.

   Es el deseo ardiente que duerme cuando tú no estás
que se controla y se esconde bajo mi piel
a regañadientes se resigna cuando te vas.
son esas olas de placer que siento, vivo, vibro.
Son ellas las que reclaman tu cuerpo cerca del mío.

   Es todo eso que se oculta cuando no se tiene ese alguien
son tantas cosas que solo contigo quiero sentir.
mi piel ansiosa te espera.

ATRAPADA EN TU VIDA

  Me atrapaste en tu mirada, encarcelaste mis sentidos
y te adueñaste del corazón y sus latidos.
anudaste mi vida a la tuya, te metiste dentro de mis sabanas
y como ladrón furtivo robaste mis suspiros.

  Atrapaste en tu mirada mis anhelos e hiciste tuyas
mis noches de íntimos delirios.
no hubo resistencia de mi parte. Tú serás solo mi dueño
de esa manera estará unido tu cuerpo con el mío

  Estoy dispuesta a entregar de mi vida
lo que pidas, podrás robar mis días
si eso te hace extrañarme.

  Para que negar que todo te lo he dado,
que mi mente desquiciada sigue atada y
anudada a tu mirada.

BUSCANDO PENSAMIENTOS

Que tu recuerdo no se me ha ido, que no ha terminado de esfumarse. Que, aunque intento separarlo de mi mente, él sigue aferrado atándome la vida a tu sonrisa. Sigo hundida en el delirio que provoca el murmullo de tus labios, deseo perderme por las noches en ese castaño sonriente de tus ojos.

Quiero escuchar tus manos y sentir tus labios. Necesito combinar tus besos con los míos, cerrar los ojos para adivinar tus sentimientos. Me gustaría caminar a obscuras buscando pensamientos y caricias que aún tengo escondidas esperando por tu cuerpo.

EL DUEÑO DE MIS NOCHES

Por las noches siento tu presencia
cuando menos te espero tú apareces dentro de mis sueños.
Quiero saber qué esperas tú, metiéndote en mi vida. Cuando
nos dijimos adiós, me olvidé de ti.

Quiero que me digas qué haces nuevamente sintiéndote
el dueño de mis noches.

Es como si el tiempo no fue suficiente
para que me olvidaras
quiero pensar que no soy yo la que inconscientemente añora
esos días en que amábamos querernos.

Quiero creer que te olvidé, necesito no pensarte
no quiero soñarte o extrañarte
tengo el corazón lleno de preguntas,
me dan miedo las locuras en que pienso
no quiero atarme a las dudas
que será mi vida si me descubro amándote.

SOLA SIN TI

Le tengo miedo a la vida sin ti, la soledad aniquila
mis días, quisiera irme contigo cuando tú te marchas

el corazón se llena de dolor, aunque
no quiere llorar más lágrimas, ellas empiezan a salir
como estúpidas palabras que se ahogan si se callan.

como no te tengo enfrente para hablarlas no me queda más
que escribirlas.

creo que los años me han hecho
más vieja y sentimental porque te extraño
pero estos últimos años se han vuelto insoportables
le tengo temor y miedo a muchas cosas, pero a lo que más
le temo es a vivir sola.

TÚ ME QUIERES

Aunque solo en sueños me recuerdes para mí es un aliciente,
no dejes de quererme.

Con saber que no me olvidas es más que suficiente
si de vez en cuando recuerdas que me amas.

El saber que deseas mi presencia a tu lado, con las cosas
que tú me dices sé que para ti soy importante
extraño y recuerdo tu cuerpo
y es tan real tu presencia sobre mi cama que al despertar
no puedo borrar tu aroma.

Sé que vivo dentro de tus sueños, aunque
intentes olvidarme.

LA AUSENCIA ES DE LOS DOS

Nosotros siempre hemos tratado de aprender a vivir en soledad. Cubrimos con llamadas y pensamientos la necesidad de nuestros cuerpos. Nada nos ha sido suficiente, solo nos ha quedado el esperar momentos en distintos tiempos.

Hemos vivido acallando el corazón y regalándole esperanzas. Le damos solo palabras cubiertas con frases blancas para que él no se dé cuenta que cubrimos su necesidad con amor a distancia.

Nos abrazamos, nos besamos, nos queremos, nos amamos y hacemos el amor, solo en nuestros sueños. Nos mandamos sentimientos con frases discretas, nos queremos sin que nadie se dé cuenta.

No tenemos necesidad de contárselo al mundo. Con saberlo tú y yo nos aferramos a los te quiero. Siempre estarán las frases y palabras para llenar la soledad. Los te quiero no cubren ni llenan el vacío de la distancia, pero hay tantas cosas que actúan como alicientes para seguir y caminar hacia un mismo lugar. Tu voz me da el confort de la esperanza y los te quiero nos hacen fuertes para ese día en que tú regreses.

EL MILAGRO DE UNA FLOR

El milagro de ver un capullo florecer es un secreto
que aún no podemos entender
es un milagro ver a un bebe cuando de su madre nace
es como ver a Dios entre nosotros aparecer.

Cuando ves los rayos del sol caer te sientes satisfecho y
deseas aprender a querer
al deshojar una flor en botón que aún no abre es como
adentrarse en el ser amado.

Ver el sol al amanecer es lo mismo que tener un amor
sublime como la primera vez.

SABERSE AMADA

La satisfacción de saber que te quieren o te han querido
se te nota por fuera marcado sobre la piel es un sentimiento
que brota sin poder reprimirse al
deseo
del placer como ese beso que nunca nadie te ha dado es todo
eso que esperas, son las
caricias
que has sentido, como la lluvia al caer, te pones debajo de ella
para sentirla rodar como gotas
de miel.
La sensación de sentirse amada es mucho más de lo que se
dice con palabras es como el sol que sin pedirlo te
acaricia y te abraza
el saberse y sentirse amada es como la luz que te manda Dios
la cual ilumina tu vida y le da calma y color al alma.

LAS CENIZAS DEL ALMA

El dolor del tiempo se me quedó incrustado en el alma

se me quedó encendida la tristeza al sentir
que de nada valió mi entrega.

Por ti dejé enterrados mis anhelos y mis sueños
todo se me fue escapando
se perdieron y murieron los "te quiero".

El tiempo cubrió con cenizas lo poco que de ti
quedaba dentro de mí

te saque del pensamiento y de mi corazón,
hace mucho que saliste

el tiempo se encargó de sacar y curar el dolor que aún
vivía y se aferraba a mi como un letargo gris.

VOLVÍ A CREER

De nuevo volví a creer, otra vez caí en este juego
que yo sé es el mismo que juegas siempre
ni yo entiendo porque creo en esas palabras que ya conozco
pero a mi corazón le gusta aferrarse.

Mi mente razona, pero mi corazón no escucha ese gritar
en mi cabeza, que dice, él volverá te engañará y va a dolerte.
Sé que no cambiaras, que tu forma de pensar y de ser lo llevas
dentro como la mala yedra.

No quiero hacer nada para que cambies, sé que por mí
nunca lo harás quizá el tiempo y cuando de verdad tú ames
será entonces que tu juego cambie.

EN TI ESTÁ MI VIVIR

No es fácil esperar sin saber si volverás
es difícil la vida pidiendo que vuelvas a mí
el amor me hace fuerte. Ese amor que me has dado
ha sido lo más preciado.

Tú para mí lo eres todo, fuerza, confianza
en ti esta mi sentir y mi pensar, sin ti
no sabría cómo vivir.

NO TENEMOS NADA

   Las nubes de la tarde ensombrecen los recuerdos
que tengo de ti, quisiera pensar en un amanecer
aunque me he dado cuenta de que desde hace tiempo
entre nosotros todo se ha vuelto sombrío
ya no se siente ese calor en el ambiente
que antes me acariciaba.

   Entre nosotros las cosas ya no caminan, no funcionan.
Es más lo que nos herimos.
Ya no tenemos nada porque luchar. Entre tú y yo
ya nada se puede salvar por más que busco no encuentro
algo que pudiéramos rescatar.

   Solo encuentro desencanto a nuestro alrededor
de lo que deja el adiós a lo que creíamos era el amor
amor no lo hay, lo hemos agotado el respeto entre tú y yo
también ese se ha terminado, y el cariño no sé cuando
pero se esfumó, la verdad no podría decir en qué momento
pero todo se acabó es triste ver hacia atrás y darme cuenta
que convivimos tantos años y no logramos retener ese amor
que siempre soñamos.

COMO CASCADAS HIRIENTES

Dejaste que en mi mente se despertaran ideas, que en mi corazón nacieran ilusiones y dejaste que mi cuerpo concibiera cascadas de emociones.

Aceptaste que yo te amara me dejaste ser tuya sin ponerte condiciones tomaste mi cuerpo aprovechando que te adoraba pero solo fui un momento pasajero según tus palabras que salían de tu boca como cascadas hirientes.

No puedo ni quiero fingir que no me duele, más eso no implica que ante ti me arrastre y te ruegue dejaste que mi amor te envolviera y asfixiara tu cuerpo con el mío.

Es verdad que apagué mi fuego en la chimenea de tu deseo y me enseñaste cosas que no imaginaba moldeaste mi mente, mi cuerpo y me heriste el alma, hoy solo me quedan cascadas de recuerdos que me dolerán por siempre

EL SABOR DE TUS CARICIAS

Que hacer para sacar de mi boca el dulce sabor
que me dejó el veneno de la ilusión.
Cómo olvidar tu nombre si lo escribo, lo repito todo el tiempo
y lo que más deseo es gritarlo.

Tengo aprisionado el recuerdo de tus besos y el sabor
de tus caricias, aunque han pasado los años tú te quedaste
en lo más profundo de un rincón de mi cuerpo.

Te escondiste en mis recuerdos y no he querido borrarlos
te quedaste entre la sombra de mis deseos te metiste para
siempre en lo más profundo de mi mente.

Los recuerdos de tu risa y el dulce sabor de tu boca matan en
mí la posibilidad de olvidarte.

EL CORAZON NO ESCUCHA

Extraño tu presencia en mi vida, aunque sé que no debo
de hacerlo ya que tú preferiste irte
solo que es difícil mandarle al pensamiento que se olvide
y que no piense más en lo que fuiste.

Este dolor es grande y aunque le hablo al corazón
éste no entiende, no responde no quiere escuchar
ni saber nada de la palabra olvido.

Y como reclamarle al corazón
que te olvide y te deje de querer si tú
no te has salido de mí
tu cuerpo vive entre mis manos, tu rostro lo
llevo delante de mi vida, tus recuerdos se anidaron
dentro de mis pensamientos y el dolor de no tenerte
me reclama con noches de insomnio y lágrimas.

LO SIENTO POR ÉL

No tengo porque sufrir
y pasarme lamentando y llorando
por un amor que no ha de volver
si ya no viene peor para él

si tarda mucho ni quien espere
por su querer, no es fácil la vida sola.
Él mejor que nadie lo ha de saber
si ya no viene lo siento por él.

Lo amo, pero si el amor que él me tiene
no lo hace volver para que esperar
a alguien que no me quiere suficiente.

SIN ATADURAS

Me dejaste envenenada el alma. Se metió en mi vida el coraje y la duda. Aniquilaste mis sentimientos y la confianza hacia ti también se murió.
La duda y la desconfianza son como espinas clavadas que duelen y más porque vienen de ti el hombre que yo amo.
Mi mundo quedó a obscuras. El corazón quiso que te salieras para siempre y sin regreso apostaste equivocadamente porque, aunque yo te quiera aquí dentro tú ya no vuelves. Mi cuerpo y mi piel no quieren perdonarte, se saben traicionados y no quieren vivir con el dolor del engaño y el amargo sabor que nos dejaste. No estoy dispuesta a estar pendiente y poner cadenas a las alas de tu vida. Prefiero ver que vayas y vengas con confianza, sin ataduras, aunque te lleves tu vida de la mía.
Tal vez se te regaló el momento y decidiste tomarlo dejando atrás esos años que solo eran nuestros. Nadie tenía derecho a pisarlos solo tú y yo podíamos atesorarlos u olvidarlos.
Quisiera darle vuelta al tiempo y cambiarte el pensamiento para no ver en ti el dolor de tu mirada. Quisiera creerte y no puedo.
Me gustaría quererte, pero ya no quiero. Quisiera que no me doliera y sin embargo el corazón no entiende. Mi piel rechaza cualquier caricia que quieras darle. Te fue fácil engañarme, por eso te abro las puertas por si quisieras irte. Prefiero que salgas de mi vida antes que crezca en mí el rechazo y el odio que nos hace ser salvajes.
No tiene caso lastimarnos con reproches y mentiras. Aunque quisieras no me suenan a verdades. Cuando el amor se nos derrumba también se nos cae el mundo. No creo poder vivir viéndote y tratando de adivinar en tus ojos las facciones de su rostro. Rasgos que tú has ocultado bajo un velo misterioso que cubres con mentiras cada vez que me hablas o me miras a la cara.

LO MAS BELLO

En lo profundo del recuerdo
se nos pierde el amor
lo más bello que nos ha dado Dios
como mi amor que tú no
supiste apreciar y respetar.

Son tantas cosas que se nos ofrecen
que se nos quedan en nuestras manos
pero no siempre tenemos la capacidad
para valorar. Se nos da una vida
para cuidar, unos hijos para amar
y sin embargo en ocasiones
los dejamos solos
sin saber caminar.

Ellos necesitan amor y una mano
que los guie hacia una realidad
alguien para confiar y que los enseñe
a dar, respetar y amar.

NO HACE FALTA DECIR MÁS

Me he ganado todo lo que tú me has dado
todo ese amor que cualquier mujer quisiera tener
todo ese cariño que tú me das
me hace amarte mas

He recibido de ti un amor que se demuestra
y tú me has dado algo que no se puede dar si
no se ama de verdad.

Contigo he sido feliz, hemos dejado de decir
cosas que quizá para nosotros no hace falta hablar más
me quieres y no deseo pensar en lo que vendrá
te quiero, me haces sentir, pensar, amar y se
que aún podemos dar mucho más.

YA NADA SERA IGUAL

   Ya nada será igual entre tú y yo
lo que había entre nosotros
para amar y entregar
desde hace tiempo
 se terminó.

   Fuimos felices
hoy ya no hay nada, sé que a ti
como a mí te duele
nos duele
esto que se acabó

   Por más que intentemos
solo logramos herirnos
Y destruirnos cada vez más.
entre nosotros es difícil
recomenzar algo de lo cual
no hemos dejado nada que rescatar.

   Nos gritamos y ofendimos tanto
que ya nada jamás podría ser igual.

MAINERO

Lugar donde nací y crecí junto a mis hermanos, lugar que fue fundado hace muchos años cuando llegaron por primera vez los antepasados de nuestros abuelos.
Aunque se ve chiquito así es mi pueblo, tiene un lugar en el mundo y se retrata en el mapa
Tenemos la sierra madre que siempre nos abraza, pero también está el cerro del pilón que siempre nos mira, aunque viva muy alto.
En ocasiones se nos esconde con un sombrero de nubes blancas, pero él siempre estará ahí para llenarnos de orgullo. También tenemos un río que lleva el nombre del cerro, pero a veces se cansa y prefiere estar seco, pero debemos tenerle respeto cuando por él corre vida porque también lleva la muerte.
Es un bonito espectáculo cuando el cielo le regala su carga, aunque ruga como monstruo es un espectáculo que encanta.
Hay muchos ranchos que rodean a mi pueblo, pero todos decimos ser de Mainero, algunos nos fuimos a vivir a otro lugar ya sea por trabajo o alguna oportunidad.
Pero es un hecho que todos deseamos regresar, aunque sea para visitar y la mayoría quisiéramos de corazón podernos quedar.
Así es Mainero el pueblo que muchos amamos, pero si tú no naciste ahí bastará una visita tuya para que entiendas nuestro amor a este mi bello pueblo al cual nosotros admiramos y amamos.

NO TODO ES PARA SIEMPRE

No te prometo quererte siempre o que solo seré de ti.
Lo único que te ofrezco es que mientras te quiera
siempre me tendrás aquí.

Contigo he sido feliz mas no por eso te prometo mi vida
a tu lado. Te quiero no lo niego, pero no todo es para siempre
yo creo que todo lo que principia algún día se acaba.

Por eso no puedo prometer cosas, como nunca te dejaré
siempre te querré o jamás te fallaré.

Prefiero vivir y disfrutar en este momento y en
este tiempo mientras exista el amor yo seré para ti
y cuando eso termine me marcharé de aquí.

UN CORAZON AMANTE

Somos dos sentimientos que vuelan en sentidos contrarios eso lastima y hiere al saber que en este vuelo tu amor se me perdió.

Esto me duele tanto como si fueran tus propias manos las que me han matado al saber que no serás para mí eso me hace morir.

Qué te puedo decir de mi vida, que se siente como la vas dejando olvidada y poco a poco va quedando dolida y destrozada.

Tú sabes que mi vida es tuya y sufre por saberse no querida eso debería ser suficiente para emprender el vuelo hacia otras manos que, si sepan como retener, como acariciar y desde luego que también sepan amar.

Me gustaría detener mi vuelo sobre un corazón amante en el cual yo pudiera respirar su aliento y que fuera el dueño de mis sentimientos.

Paloma Morada

   Yo me sentía como una paloma gris
todo el tiempo que viví a tu lado.
Me sabía paloma porque me veía las alas
 moradas.

   Tú opacaste la luz que yo tenía.
Ofendías mi vida con palabras sucias
y miradas hirientes que prefiero no pensar.

   Tú despertaste en mí el dolor
por la impotencia de sentirme atrapada.
Acorralaste mi vida y me obscureciste el alma.
Aprendí a ser fuerte para
escaparme de tu jaula.

   Tú me pintaste las alas grises,
mas yo nunca olvidé
que soy una paloma
de alas moradas

AGRADECIDA CON DIOS

  Dios me mandó un ángel
es alguien que llenó mi mundo de esperanzas
es una señora de cabellos blancos y que
tiene en su piel los años marcados.

  Con solo verla renacieron en mí
deseos de alcanzar hasta donde ella
con sus cansados pasos ha logrado llegar.

  Su sonrisa me dio ilusiones
que no son tan fáciles de encontrar
sus palabras me parecen rezos
a los que escuchamos en un altar.

  Al cual tengo años que no he vuelto más
fueron pocos momentos de una
corta conversación, pero fue suficiente
para sentirme agradecida con Dios y la vida
por mandarme un ángel que me inspire a creer.

EL MILAGRO QUE YO PEDÍ

Solo un pedazo de cielo azul es lo único
que yo tengo de ti, me quedo viendo
hacia él y le pregunto por el milagro
que yo pedí para que nunca te fueras
de mí, le pregunté en silencio a Dios
que dónde estaba él cuándo yo rezaba
esa oración, pidiéndole el milagro
para que tú te quedaras para siempre
cerca de mí.

Él me contestó al oído: Sí te escuché
la oración y también te regalé el milagro
de que él ya no sufra más dolor
y pudiera decirte adiós.

Te concedí el milagro de retener su imagen
dentro de tu corazón
para su otra vida a él le regale la luz
hasta ese día que ustedes dos
vuelvan a verse.

MIRADAS Y CARICIAS

El ruido del silencio me agobia por las noches
taladrando mis oídos y atemorizando mis sentidos.
En medio de ese silencio se aparece
el murmullo de tu risa y tu mirada que
descaradamente me acaricia.

Tú no preguntas solo me buscas y
torturas mis latidos y no escuchas mis razones
te apoderas del silencio para romper
con mis deberes.

Tú te sientes el dueño de mis noches
cansadas de soledad y hastiadas de nadie
por eso te aprovechas y de noche
me visitas matando mis miedos
con miradas y caricias que sabemos
son furtivas.

ESO ME SONÓ A DESPRECIO

Anoche me dijiste que hoy no y eso me sonó a desprecio
me dolió como un rechazo y lo sentí en la cara
como látigo ardiente que has ido tejiendo con excusas
y mentiras esperando que yo las crea.

Me quedé callada, no iba preparada para una negativa
de tu parte yo llevaba conmigo muchas palabras y
frases bonitas, también llevaba besos que tenía guardados
y muchas caricias que solo a ti te he brindado.

anoche quería compartir contigo esos sueños que
muchas veces habíamos hablado, también quiero decirte
que tenía miedo y quería que me abrazaras
quería sentirte, te deseaba.
Esa noche en que tú me amaras tenía para ti lo mejor de mí
pero hoy lo dejé morir y mi vida se ha cubierto de
impotencia y coraje cuando te escuche decir que NO.

Tu desprecio me hizo doler la vida. El rechazo lo sentí
en el alma. Eso fue suficiente para que mi amor por ti
quedará sepultado.

CRISTALES HIRIENTES

Fueron tantas lágrimas las que por mi cara rodaron que con
el paso del tiempo se convirtieron en pedazos de cristal
cristales finos e hirientes que al salir quemaban y al caer
cortaban como finas navajas de nácar.

Tus palabras me hirieron cuando dijiste que ya no me
amabas. Me asustaban los fantasmas que de ti me quedarían.
Yo creí que claudicaría al estar lejos de tu vida.

Por ti olvide mi vida, todos los días decidía morir
por tu amor que se alejaba, no quería entender
que para mí ya no existía un mañana a tu lado.

Yo me aferraba a tus frases esas palabras que
las personas dicen cuando no queremos amar y solo
las decimos para que la otra persona se deje querer
sin importar si al final le va a doler o va a llorar
lágrimas de soledad.

LAS HERIDAS DEL ALMA

Las heridas del alma no son tan fáciles de sanar
porque, aunque tú lo quieras ellas no dejan de sangrar
las heridas del alma son muy difíciles de curar porque
aunque tú quisieras no dejan de llorar.

Las heridas que viven en ti te vuelven el alma gris
y los malos sentimientos se despiertan dentro de ti
el corazón se te llena de dolor y traición y en ese
momento no quiere razonar, escuchar, amar o perdonar.

En este momento yo soy alma corazón y mente
porque la vida no la siento como tal
yo sé que el corazón perdona, pero el alma se convirtió
en piedra y no le interesa olvidar para volver amar.

NAMIBIA

Desierto de arena dorada
De soledad y cantos tristes
Para su Dios de la esperanza.

Desierto de sol y arena blanca
Que sedienta espera
La lluvia benevolente.

Desierto habitado
Con su gente étnica
Los Himbas
Que dentro de sus carencias
Cantan, viven, son felices.
Desierto de vida, amor fuerza
Y temor a la muerte.

LUNA PLATEADA

Luna del hermoso valle
Con sus noches blancas
Cubiertas por la luz
De la luna plateada.

Labores sembradas
Que orgullosas están
De anidar en sus entrañas
Los capullos blancos
De bellos algodonales.

Luna blanca luna plateada
Tú eres la fiel testigo
Con tu luz de plata
Iluminas y das vida
A las cosechas del valle.

CARENCIAS.

Por mucho tiempo no tuve nada
Pero no sentía
Que algo me hiciera falta.

Hoy que tengo tanto
Me doy cuenta
Que carezco de tantas cosas
Que no siento y me hacen falta.

No sé si mi necesidad está en mi vida
En el cuerpo o en el alma
Lo que sé es que me siento vacía
De algo que no sé descifrar.

Voy por el mundo
Buscando un algo
Que por más que quiero
No logro saber qué es.
No lo he puedo encontrar.

OLOR A MUERTE

El olor a muerte
A fuego y miedo
Es lo que me tiene inerte
Callando por dentro.

El olor a muerte
Me cubre de sombras
El olor a miedo
Me espanta el alma.

El olor a la humedad de la tierra
 Que sé me tiende una trampa
Cuando esté dentro.

Ese olor peculiar
A flores, y olvido
Es lo que me aterra el alma
Pero algunas veces
Escucho que me llama.

RECUERDOS

Aspirando ando y feliz de estar ahí
Donde por años viví
Lugar donde nací, crecí
Mi rancho lleno de olores vivos
Y paisajes verdaderos pintados de mil colores.

Donde dejé mis raíces, sonrisas
Y recuerdos que no se borran
Porque están incrustados en el corazón.

de todo esto hace ya mucho tiempo
pero lo siento y lo aspiro
como si lo hubiera vivido ayer

aún puedo palpar y escuchar los gritos y risas
de mis hermanas y hermano. Aún recuerdo
con nostalgia una casa de hoja de caña
Con paredes de color al adobe.

Rodeada de plantas y flores de azahares.
Con un patio muy grande
Lleno de risas y el amor de mis padres.

Legado Publishing

Legado Publishing es una editorial del Valle del Rio Grande en el sur de Tejas. Nuestra meta es elevar el perfil de escritoras y escritores de la región, inclusive del lado mexicano de la frontera. Buscamos autoras y autores emprendedores y motivados a establecer su marca en el mundo literario y dejar una huella que sirva a otros a seguir. Es decir, construir un legado artístico que utilice distintas formas para desenvolver el carácter creativo de la gente de la frontera de Estados Unidos y México.

Para más información visite la página web:
legadopublishing.info

Correo electrónico:
legadopublishing@gmail.com

www.ingramcontent.com/pod-product-compliance
Lightning Source LLC
Chambersburg PA
CBHW022114090426
42743CB00008B/845